DE LA

PUISSANCE PATERNELLE

ET DE LA

PROTECTION LÉGALE DE L'ENFANCE

PAR

Henri DUMÉRIL

(EXTRAIT DE LA *Revue générale du droit.*)

PARIS

ERNEST THORIN, ÉDITEUR

**Libraire du Collège de France, de l'Ecole normale supérieure
des Écoles françaises d'Athènes et de Rome**

7, RUE DE MÉDICIS, 7

1881

DE LA

PUISSANCE PATERNELLE

ET DE LA

PROTECTION LÉGALE DE L'ENFANCE

TOULOUSE. — IMPRIMERIE A CHAUVIN ET FILS, RUE DES SALENQUES, 28.

DE LA
PUISSANCE PATERNELLE

ET DE LA

PROTECTION LÉGALE DE L'ENFANCE

PAR

Henri DUMÉRIL

(Extrait de la *Revue générale du droit*.)

PARIS

ERNEST THORIN, ÉDITEUR

Libraire du Collège de France, de l'Ecole normale supérieure
des Écoles françaises d'Athènes et de Rome

7, RUE DE MÉDICIS, 7

1881

DE LA

PUISSANCE PATERNELLE

ET DE LA

PROTECTION LÉGALE DE L'ENFANCE

———

« *Le dix-huitième siècle*, dit M. Guizot, *a pris en main la cause de tous les opprimés : les serfs, les hérétiques, les aliénés. Il a partout répandu un sentiment de commisération et de respect sur les faibles et les souffrants ; il a forcé les hommes à être justes.* » On peut pardonner à un âge qui a mérité un aussi bel éloge bien des défaillances, et nous avons confiance que le dix-neuvième siècle, malgré quelques faiblesses qu'il serait inutile de contester, aura des droits analogues à la reconnaissance de l'avenir. Non seulement il a continué l'œuvre de nos pères, mais il a réparé des injustices, secouru des misères auxquelles ceux-ci, en présence de tant d'abus de toute sorte, n'avaient que peu ou point songé. Nous rappelions naguère ici même ce qui a été fait de notre temps pour les animaux ; il est une classe encore bien plus intéressante de victimes sur lesquelles se porte aujourd'hui l'attention : je veux parler des enfants.

Qui n'a été témoin quelque jour d'actes de brutalité commis sur ces pauvres petits êtres ? Qui, dans nos grandes villes industrielles du Nord surtout, n'a plaint ces adolescents, chétifs et souffreteux, vivant au milieu d'une atmosphère malsaine et exposés à la contagion de tous les vices par la promiscuité de la vie d'atelier ? Qui enfin ne s'est demandé ce que deviendront plus tard tant d'enfants oisifs qui, abandonnés à eux-mêmes, ici tendent la main aux passants, et là satisfont sur le premier objet venu leur goût inné de la destruction (1)? Ai-je besoin de dire qu'il y a là un problème de première importance non seulement pour les individus, mais encore pour la société moderne? L'homme, en général, vaut ce qu'a valu l'enfant ; celui-ci a en lui à la fois des germes bons et d'autres mauvais ; c'est dès l'âge le plus tendre qu'il faut chercher à cultiver les uns, à arrêter les autres dans leur développement. L'opinion publique se préoccupe tous les jours plus vivement de la situation faite à l'enfance par nos lois et par nos mœurs. Je ne rappellerai pas, pour ne pas sortir des limites de mon sujet, tout ce qui a été dit ou écrit sur les enfants en bas âge, sur les orphelins, sur les avantages et les inconvénients du rétablissement des tours. Je n'entends parler ici que de ceux qui ont un protecteur, un gardien donné par la loi elle-même, mais à l'égard desquels ce gardien ou remplit mal ses fonctions ou ne les remplit pas du tout.

Hier l'Académie de législation de Toulouse mettait au concours la question suivante : « *De la protection à organiser en faveur des enfants vis-à-vis desquels les père et mère ne remplissent pas leurs devoirs* (2). » La Faculté de droit de Paris propose, pour 1881, un sujet beaucoup plus étendu, mais rentrant dans le même ordre d'idées : « *Exposer, comparer et apprécier les règles établies par le droit romain, le droit français ancien et moderne et les principales législations étrangères pour la protection des intérêts moraux et pécuniaires des mineurs* (3). » Je

---

(1) Il serait intéressant d'étudier les habitudes de ces enfants dépourvus de toute surveillance et d'en constater les différences suivant les localités. Je n'ai fait d'observations à ce sujet que dans un cercle très restreint. et il serait imprudent à moi d'être trop affirmatif, mais. je crois qu'on pourrait saisir là, dans le vif, et pour ainsi dire dans l'état de nature, la diversité de caractère des populations du Nord et de celles du Midi.

(2) Concours de 1876. — Trois mémoires furent présentés ; le mémoire couronné a été publié depuis sous ce titre : *De la protection légale des enfants contre les abus de l'autorité paternelle*, par Ed. Fuzier-Herman (Paris, 1878, in-8).

(3) Prix du comte Rossi. — La Faculté recommande aux concurrents de porter son attention sur tous les mineurs, qu'ils soient ou non en tutelle. — Notons ici en passant le rôle des corps savants en ce qui concerne les problèmes dont la solution importe aux intérêts de la nation ; ils peuvent rendre de grands services en les signalant à l'attention des hommes consciencieux et éclairés, en provoquant la discussion, en dirigeant même, dans une certaine mesure, l'opinion publique. Ils ne peuvent aller à l'encontre de cette dernière ; il en est peu d'ailleurs au-

n'ai pas la prétention, beaucoup s'en faut, de remplir ici un cadre aussi vaste ; je me contenterai d'indiquer les dispositions que la loi a prises pour protéger l'enfance contre ceux qui devraient être ses protecteurs, les lacunes que me paraît présenter cette partie de notre droit, les remèdes que l'on peut indiquer à l'attention du législateur.

I. — Et, tout d'abord, au seuil même du sujet, nous trouvons une question de principe dont il importe de donner la solution ; puisque cette solution doit dominer l'ensemble de la matière. Quel est le fondement de l'autorité paternelle ? Pour beaucoup, poser une telle question, c'est la résoudre, et je ne m'arrêterai pas longtemps à l'examen de ce problème, qui aujourd'hui n'en est plus un. La puissance paternelle est organisée d'abord et surtout dans l'intérêt de l'enfant ; c'est un droit pour les parents ; mais ce droit est le corrélatif d'un devoir, le devoir de pourvoir à l'entretien et à l'éducation de ceux qui leur doivent la vie (Code civil, art. 203). C'est en effet un triste don que celui de l'existence quand on ne donne pas en même temps le moyen d'en supporter le poids (1). Il est inutile d'ajouter que ce devoir n'est pas une création artificielle du législateur, mais qu'il est dans le vœu de la nature elle-même. Et pourtant il est des peuples qui ont donné un autre fondement à l'autorité du père ; il s'est trouvé des philosophes pour les justifier. Du fait de la génération, d'après la théorie qu'ils ont admise, dérive un droit de propriété. Telle est l'opinion de Grotius, celle même de Montesquieu ; les conséquences pratiques qu'elle entraîne sont assez connues pour que je me dispense de les énumérer. On est d'accord à présent pour repousser ce système, ainsi que quelques autres qui n'ont rencontré que des défenseurs isolés (2).

jourd'hui (je voudrais pouvoir dire : il n'en est plus) qui aient encore cette prétention.

(1) L'expression est celle des rédacteurs du Code, écrivant à une époque où l'on savait mieux qu'à toute autre quelles sont les vicissitudes qui peuvent atteindre l'homme. Voyez la définition bien connue du mariage par Portalis.

(2) Voyez, pour Rome, des textes nombreux, et notamment : *Coll. legum mosaic.*, IV, 81 ; pour la Gaule, César, *De bello gallico*, VI, 10, etc. — Sur les divers points que je ne fais qu'effleurer, on pourra utilement consulter M. Paul Bernard, *Histoire de l'autorité paternelle en France*, ouvrage couronné par l'Académie des scien-

De la solution que nous admettons découle le droit que nous reconnaissons au législateur de contrôler l'exercice du pouvoir paternel, droit incontestable, mais dont il faut pourtant n'user qu'avec discrétion. L'abus de la réglementation présente des inconvénients presque aussi graves que l'absence de toute règle.

Il serait absurde de nier l'influence des lois sur les mœurs d'un pays. C'est une exagération presque égale de croire que les lois font les mœurs. M. Fuzier-Herman ne va-t-il pas bien loin, quand il dit, à propos du sujet qui nous occupe : « Il n'est pas téméraire d'affirmer que le peuple qui possède la législation pénale la plus rigoureuse et la plus fidèlement appliquée est bien près de devenir le peuple le plus foncièrement moral, s'il ne l'est déjà (1) ? » Il y aura toujours des faits immoraux que le législateur ne parviendra pas à atteindre ; c'est en vain qu'il multipliera les dispositions préventives et les châtiments ; cette multiplication même prouvera son impuissance à porter remède aux maux qu'il a voulu guérir et parfois même les aggravera. Pour qu'une loi soit bonne, il est évidemment nécessaire que son objet n'offre rien de contraire aux règles de la morale, mais cela est insuffisant ; il faut encore que les moyens employés ne présentent pas plus d'inconvénients que la réalisation du but poursuivi n'offrira d'avantages. Les limites que le pouvoir souverain ne doit pas franchir sont difficiles à indiquer d'une manière exacte ; elles varieront suivant les époques et les nationalités, mais il faut les déterminer dans la mesure du possible, et c'est là une tâche à laquelle l'homme d'Etat digne de ce nom doit apporter tous ses soins (2). C'est surtout en ce qui concerne la famille qu'on ne saurait trop prendre de précautions. Il faut, d'abord, éviter toute recherche

---

ces morales (Paris, 1864, in-8). Voyez aussi une analyse succincte et très exacte des différents systèmes émis sur la nature de la puissance paternelle dans une note de M. Pradier-Fodéré sur Grotius, *Du droit de la guerre et de la paix*, liv. II, ch. V, § 4 (Paris, 1867, 3 vol. in-18).

(1) *Op. cit.*, p. 10.

(2) « Il faut permettre aux hommes de faire de grandes fautes contre eux-mêmes pour éviter un mal plus grand, la servitude. » Vauvenargues, *Réflexions et maximes*, CLXII. — « Sans doute il vaut mieux beaucoup de gouvernement que beaucoup de désordre, mais c'est faire payer l'ordre bien cher si on ne peut l'avoir qu'à force de gouvernement. » J. Simon, *La liberté* (2ᵉ édit., Paris 1859, in-18), t. II, p. 185. — On remarquera aisément la nuance qui distingue ici l'écrivain du dix-huitième siècle de celui du dix-neuvième.

inquisitoriale ; ensuite la crainte du scandale elle-même ne doit pas être complètement laissée de côté. La publicité est de l'essence de tout bon régime politique, et semblable crainte ne doit jamais entraver la répression des délits contre la chose publique, mais la vie privée craint le grand jour, et il est des faits qu'il vaut mieux laisser à jamais ignorés (1).

En résumé retenons ceci : la puissance paternelle ayant pour base l'intérêt de l'enfant, la loi peut et doit en surveiller l'exercice ; mais cette surveillance doit avoir lieu avec une certaine discrétion.

II. — Entrons maintenant dans le détail de notre sujet. Avant d'examiner les dispositions qui ont statué sur des points particuliers, ouvrons le Code civil et étudions les règles générales qu'il a édictées sur la puissance paternelle (2), en tant que cette puissance donne aux parents un droit sur la personne de leur enfant. Celui-ci, aux termes de l'art. 372, reste sous leur autorité jusqu'à sa majorité ou son émancipation. Il ne peut, sauf une exception (3), quitter leur domicile sans leur permission (art. 374); enfin le législateur (art 375 et suiv.) donne au père et à la mère un moyen de châtier l'enfant qui leur a donné des sujets de mécontentement grave. Ajoutons que l'art. 335 du Code pénal prive les parents qui auront excité, favorisé ou facilité *habituellement* la débauche ou la corruption chez leur enfant « *des droits et avantages à eux accordés sur la personne et les biens de l'enfant par le Code civil*, liv. 1, tit. IX, *De la Puissance paternelle* (4).

---

(1) M. Fuzier-Herman tient peut-être trop peu de compte ds cette difficulté. Voyez, *op. cit.*, p. 40 et *passim*. Je suis parfaitement d'avis que, suivant une parole célèbre, « le scandale est dans le crime, non dans la plainte ; » mais ce n'est vrai qu'en ce qui concerne le délinquant ; pour le public, le scandale consiste dans la plainte, et ce scandale peut avoir des inconvénients.

(2) Cette expression n'a été introduite dans le Code qu'avec une certaine hésitation à cause des souvenirs du droit romain. Les jurisconsultes des pays de coutume aimaient à dire que dans ces pays : « droit de puissance paternelle n'avait lieu, » et par là ils voulaient dire, non que les père et mère fussent sans autorité sur leurs enfants, mais que, dans le nord de la France, on ne suivait pas les principes de droit écrit. Les rédacteurs du Code se sont surtout inspirés ici de leurs maximes, et le mot de « puissance » ne se trouve, au titre IX du livre I, que dans la rubrique.

(3) Cpr. l. 21 mars 1832, art. 32.

(4) Pour les cas de dégradation civique et d'interdiction légale, v. Demolombe, *Traité de l'adoption*, etc., 4º édit., nᵒˢ 363 et 364.

L'examen le plus superficiel de ces dispositions permet de voir qu'elles laissent une lacune énorme. Qu'arrivera-t-il si le père, sans commettre aucun délit caractérisé contre la personne de son enfant (1), manque aux devoirs proclamés par l'art. 203, devoirs qui, je le remarque en passant, sont une conséquence de la paternité bien plutôt que du mariage, et incombent aux parents naturels aussi bien qu'aux parents légitimes ? L'enfant est maltraité, insuffisamment nourri ; il ne reçoit aucune éducation ; aucun apprentissage ne le met en état de gagner sa subsistance ; ou bien il trouve dans la maison paternelle les plus déplorables exemples ; ce père dont la brutalité compromet la santé de son fils, cette mère qui donne à sa jeune fille le spectacle de la prostitution, ou qui, sans exercer *habituellement* le honteux métier de proxénète, a facilité sa corruption resteront-ils investis de l'autorité paternelle dans sa plénitude ? Grave question, et sur laquelle nos Codes sont muets. En présence du silence de la loi, trois opinions ont été émises.

Les uns veulent que la puissance paternelle échappe à toute atteinte autre que celle de l'art. 335 du Code pénal (2).

D'autres admettent que les tribunaux peuvent, pour faits graves, prononcer contre le père ou la mère la déchéance de la puissance paternelle.

D'autres enfin estiment que, sans prononcer cette déchéance d'une manière générale et absolue, il est loisible à la justice de prendre, dans l'intérêt de l'enfant, telle mesure qu'ils jugent convenable.

Je n'hésite pas, en regrettant d'y être contraint par les règles de l'interprétation juridique, à rejeter les deux derniers systèmes, malgré les défenseurs convaincus qu'il ont trouvés soit parmi les auteurs, soit dans la jurisprudence. Par quels arguments, en effet, peut-on admettre ici l'ingérence des tribunaux dans la famille, soit pour supprimer soit pour diminuer les droits de garde et d'éducation accordés au père et à la mère? Un examen rapide suffira pour nous en montrer la faiblesse.

On invoque d'abord les précédents historiques ; Merlin, no-

---

(1) Auquel cas il serait évidemment punissable suivant les termes du droit commun.

(2) Ajoutons aujourd'hui : «et celle de la loi du 7 décembre 1874. » Je reviendrai tout à l'heure sur cette loi.

tamment, cite de nombreux arrêts des Parlements d'Aix, de Rennes, de Toulouse, etc., autorisant les enfants à fuir le toit de leur père et obligeant celui-ci à payer leur pension (1). Les rédacteurs du Code n'ont pas entendu, dit-on, s'écarter de ces maximes de l'ancienne jurisprudence, et les travaux préparatoires montrent que le silence du Code n'est que le résultat d'un oubli (2). Les principes généraux commandent cette solution : « En société, dit M. J.-B. Sirey, aucun droit privé n'est droit qu'à condition de ne pas troubler l'ordre, qui est l'union de tous les droits protégés par le pouvoir. La perturbation de l'ordre opère nécessairement extinction ou restriction du droit. Le droit de la mère à l'éducation de son enfant est nécessairement soumis à la règle générale. Il doit être *éteint* ou *restreint* au cas de survenance d'incapacité ou d'indignité (3). » — « Puissance essentiellement tutélaire et protectrice, dit à son tour M. Demolombe, il ne se peut pas qu'elle devienne un moyen de tyrannie ou de démoralisation. Cette condition-là y est inhérente ; le législateur, s'il ne l'a pas écrite, l'a virtuellement supposée (4), » et l'éminent auteur, argumentant de l'article 444 qui permet, en matière de tutelle, d'exclure ou même de destituer les gens d'une inconduite notoire, et ceux dont la gestion attesterait l'incapacité ou l'infidélité, veut qu'on étende cette disposition au père, par une sorte d'application *utile* (5).

Je n'insisterai pas longuement sur une réfutation qui a déjà été faite par d'autres. On ne peut, par voie d'analogie, étendre une déchéance à des cas non prévus par la loi. Les considérations tirées de l'intérêt individuel ou social sont bonnes à présenter au législateur pour solliciter de lui une réforme ; elles ne peuvent autoriser le juge à combler une lacune dans les Codes, quelque fâcheuse qu'elle puisse être d'ailleurs.

La jurisprudence, pourtant, paraît aujourd'hui à peu près fixée dans le sens de l'opinion qui permet à la justice de modifier à son gré l'exercice de la puissance paternelle. Il existe sur ce point un grand nombre d'arrêts déjà anciens (6) ; je

---

(1) *Répert.*, vᵒ *Puissance paternelle*, sect. III, § 1.
(2) Demolombe, *op. cit.*, n. 367.
(3) *Recueil général des lois et arrêts*, 1830, 2, 343.
(4) Demolombe, *ibid.*
(5) Admettent également l'intervention des tribunaux, avec plus ou moins d'étendue : Aubry et Rau, *Cours de droit civil français*, 4ᵉ édit., t. VI, p. 82 ; P. Bernard, *op. cit.*, p. 208 et suiv.; A. Jourdan, *Le droit français*, etc. (Paris, 1875, in-8), p. 113 ; E. Tourraton, *De la protection légale de l'enfance* (Toulouse, 1876, in-8). Je passe sous silence un grand nombre d'auteurs plus anciens.
(6) Voyez Aubry et Rau, *loc. cit.*, note 26.

ne citerai que les décisions les plus récentes. Un certain nombre de ces décisions ne sont même pas motivées en droit et paraissent admettre comme un axiome incontestable ce qui est en question (1). Dans une affaire qui a eu un certain retentissement (2), la chambre des requêtes de la Cour de cassation, le 27 janvier 1879, a décidé que la mère survivante pouvait être dépossédée de la garde et de la direction de l'enfant pour inconduite notoire ; mais la Cour s'est, elle aussi, à peu près bornée à une simple affirmation : « Attendu, dit-elle, que la puissance paternelle, établie surtout dans l'intérêt de l'enfant, n'est pas absolue ; qu'il appartient aux tribunaux d'en restreindre l'exercice quand, matériellement ou moralement, cet intérêt est en péril... » Elle avait, quelques années auparavant, jugé dans le même sens, en réservant pour la mère, ainsi privée du droit de garde, le droit de consentir au mariage de ses enfants et de les émanciper (3). M. Laurent fait observer à propos de ce dernier arrêt : « La Cour de cassation n'admet pas que les tribunaux puissent prononcer la déchéance absolue de la puissance paternelle. Mais s'ils ne peuvent pas enlever aux père et mère l'autorité que la loi leur donne, de quel droit les dépouilleraient-ils du droit essentiel qui constitue le puissance paternelle du droit ou, pour mieux dire, du devoir d'éducation (4)? » Un jugement du tribunal du Puy du 10 décembre 1869 reproduit l'argument décisif en cette matière : « Attendu que le législateur ne prononce la déchéance de la puissance paternelle que dans le cas prévu par l'article 335 du Code pénal, et qu'en pareille matière on ne peut prononcer d'autre déchéance que celle qui est prévue par la loi (5)... »

Il faut donc reconnaître qu'il existe dans notre législation civile une lacune considérable ; la jurisprudence a essayé de la combler ; malheureusement elle n'a pu le faire qu'en sortant un peu de son rôle légal, et en assumant celui du préteur qui,

---

(1) Tribunal de la Seine, 15 décembre 1869, (Dalloz, 1869, 3, 104). — Tribunal d'Epinal, 17 janvier 1877 (*Gazette des tribunaux*, 18 avril 1877). Dans la dernière affaire le tribunal a privé absolument la mère veuve des droit de garde et d'éducation pour les transporter au tuteur datif des enfants. Les faits allégués étaient du reste très graves ; la mère s'adonnait à la boisson, elle avait été deux fois condamnée pour vol ; elle avait manifesté l'intention de tuer ses enfants et de s'ôter ensuite la vie à elle-même.

(2) Affaire Chevandier de Valdrôme (Sirey, 1879, 1, 464 ; Dalloz, 1879, 1, 223).

(3) Cass., 15 mars 1864 (Sirey, 1864, 1, 155 ; Dalloz, 1864, 1, 301).

(4) *Principes de droit civil français*, 2ᵉ édit., t. IV, nᵒ 292.

(5) Dalloz, 1870, 3, 64.

créé pour appliquer le droit civil, en était venu à en réparer les omissions et même à le corriger (1).

Sur quelques points de détail il a été édicté des dispositions spéciales; je vais maintenant les énumérer rapidement, afin de voir ce qui reste encore à faire.

III. — Une situation qui appelait à tous égards la sollicitude du législateur était celle des enfants employés dans les fabriques, placés entre la cupidité du patron intéressé à leur faire produire la plus grande somme de travail possible, et celle des parents qui profitent de leur salaire. « Il faut s'être occupé d'industrie, disait récemment un homme compétent, il faut avoir vécu de la vie des ateliers pour savoir jusqu'à quel point l'enfance joue un rôle actif et précieux dans la production nationale ; il faut s'être occupé d'industrie, il faut avoir vécu de la vie des ateliers pour savoir également de quels abus, de quelle exploitation coupable ces malheureux enfants ont été si tristement l'objet. On se surprend à douter de l'humanité en se rappelant certains faits : on en viendrait même à regretter, à maudire l'atelier et la prospérité de nos usines et de nos manufactures, si l'on songeait à quel prix cette prospérité s'obtenait (2)... » Une loi du 3 juin 1874, réalisant des progrès incontestables sur la législation précédente (3), est la dernière qui soit venue réglementer la matière. Je n'ai pas l'intention de reprendre en détail chacun des articles de cette loi ; il me suffira de rappeler qu'elle « aide à franchir trois écueils que l'enfant employé dans les ateliers a à redouter : 1° l'excès de travail qui l'atrophie avant l'âge ; 2° le défaut d'instruction qui le démoralise ; 3° certaines industries dangereuses qui le tuent (4). » Mais cette loi garantit

(1) Laurent, *loc. cit.*, et *Cours élémentaire de droit civil* (Bruxelles et Paris, 1878, 4 v. in-8), t. I, n° 322. « Le silence du législateur, dit-il, ne décide-t-il pas la question ? Nous le croyons, tout en déplorant l'oubli du législateur dont la plus belle mission devrait être de veiller aux intérêts et aux droits des enfants puisqu'ils forment l'avenir de la société. La question est controversée ; les tribunaux se sont mis au-dessus de la loi, ce qui est presque inévitable quand le législateur laisse des lacunes aussi regrettables dans ses dispositions. »

(2) Ph. Oouly, *Conférence sur le choix d'un état au point de vue hygiénique et social* (Conférences du Palais du Trocadéro, 3ᵉ série, Paris, 1879, in-8°).

(3) Depuis longtemps on avait reconnu l'insuffisance de la loi du 22 mars 1841.

(4) Ph. Couly, *ibid.*, p. 198. Voy. sur cette loi Fuzier-Herman, *op. cit.*, pp. 66 et suiv.; Tourraton, *op. cit.*, pp. 15 et suiv.; Chauveron et Berge, *Du travail des enfants employés dans l'industrie* (voy. aussi : Décr., 9 juin 1874 et 15 février 1875; réglem. d'adm. publique, 7 mars 1875; 12 mai 1875; 13 mai 1875; 14 mai 1875). — Le 28 mai 1881 la Chambre des députés a adopté un projet de loi, présenté par le gouvernement, concernant le travail des enfants employés dans l'industrie, et dont le but est de soumettre les maisons d'éducation et de bienfaisance

mieux les enfants contre le patron que contre leurs parents ; elle ne s'applique pas aux travaux que le père peut faire faire à son fils chez lui, et les discussions qui ont eu lieu au sein de l'Assemblée nationale montrent que cette omission a été intentionnelle.

Une seconde loi, du 20 décembre 1874, qui n'était pas moins nécessaire que la précédente, régit aujourd'hui la situation de l'enfant employé dans les professions ambulantes, forcé de se livrer à des exercices violents, trop souvent périlleux, à des dislocations qui déforment le corps, exposé en même temps à tous les dangers moraux et ne recevant guère que des exemples de vice. En vain, encore ici, pour repousser l'intervention du législateur, a-t-on allégué l'inviolabilité de l'autorité paternelle et la liberté du travail. La liberté du travail peut-elle être raisonnablement invoquée ? peut-on même donner le nom de travail à la misérable profession de saltimbanque ? Et cette loi a-t-elle un caractère inquisitorial ? Elle défend l'emploi, dans les professions ambulantes, des mineurs âgés de moins de seize ans ou de moins de douze ans, suivant qu'ils sont avec des étrangers ou avec leurs parents ; elle réprime l'abandon et le trafic des enfants ; elle punit celui qui fait mendier pour son compte ses enfants ou ceux d'autrui. Ces mesures ne sont-elles pas salutaires ? — J'ajoute que les tribunaux, en vertu de la même disposition législative, peuvent prononcer la déchéance de la puissance paternelle contre les parents qui auront été condamnés pour avoir utilisé leur enfant dans une entreprise de mendicité ou l'avoir livré, avant l'âge de seize ans, à des saltimbanques ou à des vagabonds. Ce cas doit être rapproché de celui prévu par l'article 335 du code pénal, plus haut mentionné (1).

au régime de la loi de 1874. Il existe des lois analogues dans beaucoup de pays étrangers et notamment en Angleterre, où on s'est occupé également de réglementer le travail de femmes. Je n'ai pas besoin de rappeler ici les débats soulevés chez nous récemment par cette dernière question.

(1) Voy., Fuzier-Herman, *loc. cit.*, p. 74 ; Nusse et Périn, *De l'emploi des enfants dans les professions ambulantes de saltimbanques, acrobates, etc. Commentaire de la loi des 7-20 décembre 1874* (Paris, 1878, in-8°). Il n'est pas sans intérêt de mentionner ici que c'est l'empereur Marc-Aurèle qui, à une époque où l'on se piquait peu d'humanité quand il s'agissait de spectacles, a pris le premier des mesures pour la protection de l'enfance. « *Inter cætera pietatis ejus hæc quoque moderatio prædi-*

IV. — Si maintenant nous passons à l'examen des remèdes proposés à une situation que tout le monde s'accorde à trouver mauvaise, nous nous trouvons en présence de la plus grande diversité d'opinions. Le mal ne peut être nié ; mais quels sont les moyens les meilleurs de le combattre ?

Il est certain tout d'abord que le moyen le plus efficace serait l'adoucissement général des mœurs, la diffusion des idées morales et en même temps de la connaissance des lois de l'hygiène : cet adoucissement, cette diffusion, le législateur doit se les proposer avant tout, et chacun de nous doit y tendre dans sa sphère, quelque restreinte qu'elle puisse être d'ailleurs ; mais je n'ai fait que reculer la question ; car comment, encore une fois, arriver à ce résultat ?

Un des plus graves problèmes que soulève immédiatement la question ainsi posée est celui de l'instruction obligatoire. Mon intention n'est pas certainement de traiter à fond cette matière délicate. On me pardonnera, je l'espère, de présenter quelques réflexions à ce sujet.

L'instruction n'est pas, comme on se l'est trop souvent imaginé de nos jours, une panacée universelle (1), et on a vu des gens fort instruits se rendre coupables de toute sorte de crimes. Mais il ne faudrait pas non plus en nier l'heureuse influence. Celui dont l'intelligence aura reçu un certain développement s'apercevra bien souvent mieux qu'un autre que l'utile et l'honnête sont en général d'accord. Mauvaise base pour la morale, dira-t-on, que l'utilité. — Peut-être, mais c'en est une ; et d'ailleurs l'enseignement des vérités morales doit être compris dans tout plan d'instruction publique bien fait (2). On a fait remarquer aussi les effets moralisateurs produits sur l'homme

---

canda est : *funambulis post puerum lapsum culcitras subjici jussit : unde hodieque rete prætenditur.* » (Julius Capitolinus, *M. Antoninus Philosophus*, 12). Des éditions portent : « ... *Cunabulis post puerorum lapsum*, etc. » Voy. l'édition de l'histoire Auguste d'Erasme, 1517, p. 838. D.

(1) La pensée exprimée par la phrase bien connue : « *C'est le maître d'école qui a vaincu à Sadowa*, » ne soutient pas l'examen. Il suffit pour une armée d'avoir des officiers instruits ; le soldat est entre les mains de ses chefs une machine ; il serait même fort dangereux d'avoir des baïonnettes qui eussent trop de prétentions à l'intelligence.

(2) La difficulté sur laquelle je vais revenir un peu plus bas, est de savoir sous quelle forme ces vérités seront enseignées.

par le goût de la lecture (1). Il est donc bon que tous soient instruits ; la question de l'instruction se rattache directement à celle que nous traitons. Le père qui enverra son fils à l'école ne le livrera pendant ce temps à aucune occupation malsaine, ou ne le laissera pas abandonné à lui-même ; l'enfant ne sera pas exposé à tous les mauvais exemples de la rue ; si le maître est bon, il apprendra un certain nombre de choses pratiquement utiles et d'autres moralement indispensables (2) : il deviendra un citoyen utile et sera à son tour un bon père. D'où vient donc que la question de l'enseignement obligatoire a sou-

(1) Voy., sur ce point, M. J. Lefort, *Intempérance et misère*, mém. couronné par l'Institut (Paris, 1875). — Il faut que les livres soient bons ; de là l'importance des bibliothèques populaires, des sociétés pour la diffusion des bons livres à bon marché, etc. « Le mal que peuvent faire les mauvais livres, dit Mme de Staël, ne peut être corrigé que par les bons ; les inconvénients des lumières ne sont évités que par un plus haut degré de lumière. On trouve dans les vérités éternelles une ressource contre les erreurs passagères... » *De l'Allemagne* (éd. de 1850, Paris, Didot, in-18), p. 18.

C'est avec étonnement que nous lisons aujourd'hui dans les œuvres d'un des hommes les plus éclairés de la docte Allemagne au siècle dernier, des phrases comme celles-ci : « In der That sehe ich doch eigentlich nicht, was das Schreiben einem Ackermann sonderlich nütze. — Das Lesen kommt mir bloss in der Kirche zu Statten, und würde überflüssig sein wenn wir das ganze Jahr hindurch einerlei Gesänge hätten. — Was die Mädchen betrifft — o ich möchte keins heirathen, das lesen und schreiben kann ! Wissen sie das, so wissen sie auch... » Justus Möser, *Patriotische Phantasien, über die Erziehung der Kinder auf dem Lande.* L'auteur fait parler un paysan auquel il prête ses propres idées : la dernière phrase reste inachevée. Mais la pensée est parfaitement claire. — « Toutes fames, disait Philippe de Navarre, doivent savoir filer et coudre, car la povre en aura mestier et la riche conoistra miax l'ovre des autres. A fame ne doit on apanre letres ne escrire, se ce n'est especiaument por estre nonain, car par lire et escrire de fame sont maint mal avenu ; car tiex li osera baillier ou anvoier letres ou faire giter devant li, qui seront de folie ou de prière en chançon ou en rime ou en conte, qu'il n'oseroit dire ne proier de bouche ne par message mander ; et si n'eust ele nul talant de mal faire, li deables est si soinis et entendanz à faire pechier, que tost la metroit en corage que eles lise les letres et li face respons. » *Biblioth. de l'Ecole des chartes*, 1re série, t. II, p. 26.

(2) Les personnes instruites se figurent aisément qu'il y a un grand nombre de vérités pour ainsi dire innées, que l'homme sait naturellement sans les avoir jamais apprises ; c'est une erreur ; ces notions ou n'existent pas dans un esprit non cultivé, ou n'y existent qu'à l'état latent : « Qu'un homme bien élevé s'efforce d'exposer à sa servante ou à son domestique ce qui lui semble le plus évident, le plus certain, le plus palpable dans l'ordre intellectuel, il s'apercevra que son langage leur paraît inintelligible, confus, erroné, que ses auditeurs le prennent pour un extravagant ou un fou, alors qu'il parle de choses dont la plate banalité lui paraît accessible à l'esprit le moins cultivé. » W. Bagehot, *La constitution anglaise*, trad. par M. Gaulhiac (Paris, 1869, in-18). Introd., p. VIII.

levé tant de débats? Cela tient, je crois, à trois motifs différents : en premier lieu, il s'agit en pareil cas de savoir ce qu'on enseignera dans les écoles; l'enseignement religieux y sera-t-il obligatoire, ou seulement facultatif, ou bien même en sera-t-il banni? En second lieu, quels seront les voies et moyens employés pour forcer les parents à envoyer les enfants dans ces mêmes écoles, et comment ces moyens seront-ils appliqués? n'est-il pas à craindre qu'un gouvernement peu libéral ne trouve un jour dans les prescriptions de la loi à ce sujet un moyen de tracasserie pour les uns tandis qu'il tolérera les infractions qui y seront commises par d'autres? On a bien fait à certaines époques des agents d'élections de fonctionnaires dont le ministère régulier n'avait rien de politique; il serait peut-être à redouter qu'on ne fît d'une loi sur l'enseignement une nouvelle machine électorale. En troisième lieu, la question de l'obligation se lie étroitement à celle de la gratuité qui a été aussi vivement débattue (1). Je ne parle pas de quelques objections purement transitoires et ne mettant en jeu aucun principe, comme celle tirée de l'insuffisance actuelle du nombre des écoles : je ne puis évidemment insister ici sur ces divers points sur lesquels je me contente d'appeler l'attention du lecteur. Il est des mesures d'un caractère plus spécial qu'il me faut maintenant passer en revue.

On est généralement d'accord pour souhaiter que l'article 335 du code pénal soit doublement étendu; il ne déclare le père ou la mère qui a favorisé *habituellement* la débauche chez son enfant déchu de la puissance paternelle qu'à l'égard de cet enfant; pourquoi cette restriction? La déchéance devrait être générale. Le mot *habituellement* est aussi de trop; des actes

---

(1) Le problème de l'instruction obligatoire n'est pas d'ailleurs nouveau en France. — Les protestants avaient déterminé la cour, aux Etats généraux d'Orléans, en 1561, à ordonner que les parents fussent astreints à faire instruire leurs enfants. Le clergé fit remettre en vigueur, à la suite des Etats généraux de Blois, en 1576 et en 1588, cette ordonnance tombée en désuétude. Il en demanda le renouvellement en 1614. L'instruction obligatoire est encore réclamée par quelques cahiers de cet ordre en 1789; les cahiers des électeurs laïques contiennent peu de chose à ce sujet. Voy. A. Duméril, *Vœux des cahiers de 1789 relatifs à l'instruction publique* (Toulouse, 1880, in-8°), p. 13. Beaucoup d'Etats européens ont, à l'heure qu'il est, adopté le principe de l'obligation. V. J. Lefort, *Journal des économistes*, t. XXV, 1872, pp. 33 et suiv.

isolés de corruption suffisent pour rendre les parents indignes du droit de garde et d'éducation que la loi leur confère.

Nous avons vu plus haut que le cas où le père fait travailler son fils chez lui n'est pas prévu dans la loi de 1874 sur le travail des enfants. Ne faudrait-il pas pourtant protéger l'enfant contre les parents eux-mêmes quand ceux-ci l'emploient à des occupations malsaines pouvant compromettre sa santé ? La crainte de toucher à la puissance paternelle, celle de pénétrer dans le cercle de la famille ont été poussées trop loin. Il est nécessaire de connaître le métier que chacun exerce pour bien des motifs ; quand ce métier est de nature à mettre en danger la vie des enfants de celui qui s'y livre, pourquoi ne pas surveiller le père comme toute autre personne ? La difficulté consiste ici dans le choix d'une pénalité pour le père qui contreviendrait aux dispositions de la loi ; le punir d'une amende ou de l'emprisonnement ne serait-ce pas diminuer le bien-être de la famille tout entière, frapper par conséquent celui même qu'on veut protéger ? Il faudrait organiser un système spécial de répression. Le père qui aurait enfreint les prescriptions de la loi serait d'abord averti, et, s'il persistait, il pourrait être privé de la garde de son enfant et des produits du travail de celui-ci pendant un temps plus ou moins long.

On a réclamé aussi avec juste raison contre la distinction que fait le Code, au point de vue du droit de correction, entre l'enfant qui a moins de seize ans et l'enfant plus âgé ; contre le premier, le père peut agir par voie d'*autorité*. Le président du tribunal doit délivrer l'ordre d'arrestation sans examen des griefs du père ; il ne peut avoir recours, s'il trouve celui-ci trop sévère, qu'aux conseils. Cette distinction n'existe pas en général dans les autres pays ; elle n'a pas été conservée, notamment, par le code civil du royaume d'Italie. Je me hâte, du reste, d'ajouter que cette dernière réforme n'a pas le même caractère d'urgence que les précédentes.

Mais même avec cette modification apportée au code civil, avec l'extension de l'article 335 du code pénal, et celle de la loi sur le travail des enfants dans les manufactures, il peut encore se produire bien des faits qui rendent désirable que l'enfant soit soustrait à la direction arbitraire de ses parents. Ici il faut procéder avec la plus grande prudence et prendre garde

de faire tomber l'enfant sous la puissance arbitraire de l'Etat.
« En réclamant pour l'enfant la protection de l'Etat, dit M. Laurent, nous n'entendons pas que l'Etat exerce sur lui cette autorité absolue que nous contestons au père. Non, l'enfant n'appartient pas plus à l'Etat qu'il n'est la propriété de ceux qui lui ont donné la vie ; il appartient à lui-même (1). » Pendant le mariage, un contrôle tout naturel et en dehors de toute intervention étrangère est exercé sur le père par la mère ; mais ce contrôle manque de sanction efficace, il existe bien plutôt en fait qu'en droit ; aussi serait-il à désirer qu'il fût reconnu par la loi. On permet à la femme de demander la séparation de corps quand elle est l'objet de sévices de la part de son mari ; pourquoi lui refuser ce droit quand elle voit ses enfants victimes de ses mauvais traitements ? Pourquoi ne s'adresserait-elle pas alors à la justice pour obtenir, avec la séparation de corps, la garde de ceux que le père serait reconnu impropre à élever (2) ?

Ce remède est évidemment insuffisant au cas où la mère donne elle-même l'exemple de la brutalité ou de l'immoralité, quand le mariage est dissous ou lorsqu'il s'agit d'enfants naturels. « Les partisans les plus convaincus de l'extension de l'autorité paternelle, dit M. Fuzier-Herman, ont songé eux-mêmes comme correctif à ce que leurs idées pouvaient paraître avoir de trop absolu, à modérer les abus de cette autorité par des dispositions légales : parmi eux, M. Chrestien de Poly (3) a proposé de confier ce pouvoir modérateur à une magistrature nouvelle, *les tribunaux de censure*, juridiction à deux degrés, dont il décrit, dans un projet de loi détaillé, les attributions, le mode très compliqué de recrutement et jusqu'au costume officiel, comportant notamment un *chapeau à la Henri IV avec plume.* » M. Fuzier-Herman, qui trouve avec raison légèrement surannée et peu pratique cette partie de l'ouvrage cité, pense que les institutions existantes, conseil de famille, juges de paix, ministère public, tribunaux civils suffiraient à faire fonctionner la législation qu'il s'agit de créer, et il propose une série de mesures destinées à mettre en jeu ces institutions dans le cas

(1) *Principes de droit civil français,* t. IV, n° 259.
(2) Fuzier-Herman, *loc. cit.,* p. 105.
(3) *Essai sur la puissance paternelle,* Paris, 1820.

qui nous occupe (1). Je n'entrerai pas dans le détail des réformes proposées ; car je ne veux, dans cette courte étude, donner que des idées générales. Sur une plainte adressée par toute personne qui voudrait prendre en main les intérêts de l'enfant, le juge de paix, saisi directement le premier ou bien sur réquisition du procureur de la République, procéderait à une enquête, après laquelle, s'il y avait lieu, il convoquerait le conseil de famille. Celui-ci aurait des pouvoirs moins étendus qu'en matière de tutelle, à cause du caractère particulièrement respectable de l'autorité paternelle ; il ne pourrait que suspendre pour un temps assez court le droit de garde et de correction du père ou son usufruit légal et encore sous la réserve de l'homologation de la justice ; il pourrait, dans les cas les plus graves, demander que le père fût déclaré déchu, complètement ou partiellement, de sa puissance : le tribunal prononcerait sur ce point. Il y a évidemment beaucoup à prendre dans ce projet. Mais n'est-ce pas aller bien loin que de donner à toute personne droit de plainte en cette matière ? Suffit-il de demander l'application rigoureuse de l'article 373 du code pénal dans le cas d'une dénonciation jugée calomnieuse ? A moins que les mauvais traitements ne fussent publics, il nous paraîtrait difficile de laisser une telle latitude à la plainte (2).

C'est surtout quand il s'agit d'enfants naturels qu'un contrôle devient nécessaire. Ordinairement ils ne sont pas reconnus par leur père, et ils ne reçoivent que les pires exemples d'une mère pour laquelle trop souvent une première faute entraîne, la misère aidant, de nouvelles chutes plus fréquentes. Il faudrait pour eux une surveillance spéciale qu'il serait facile d'ailleurs d'organiser (3).

Il serait bon également de considérer comme complices les parents de l'enfant condamné pour vagabondage lorsque c'est faute de soins ou parce qu'il était maltraité qu'il a quitté le

---

(1) *Op. cit.*, p. 11. M. A. Decourteix, *De la responsabilité du père de famille*, Paris, 1876, pense que la création d'un tribunal de censure est le complément indispensable de toute loi tendant à protéger les enfants contre les excès de leurs parents.

(2) Cpr. Tourraton, *op. cit.*, p. 37.

(3) Un des meilleurs remèdes serait, suivant bien des auteurs, la réforme de la législation qui interdit la recherche de la paternité ; une question aussi ardue et aussi débattue exigerait à elle seule une longue étude.

foyer paternel ; ils sont en pareil cas la première cause du délit (1).

Mais dans l'hypothèse où la déchéance de la puissance paternelle sera prononcée, que deviendra l'enfant ? Nous nous trouvons ici en face d'une nouvelle difficulté, et il est bon, pour la résoudre, de nous entourer des documents que peut nous fournir l'expérience ; voyons donc ce qui se fait dans les pays où l'on souffre le plus du mal signalé par nous. Mais auparavant posons un principe fondamental. Il ne faut pas confondre l'enfance abandonnée avec l'enfance coupable ; les infortunés envers lesquels les parents ne se sont pas acquittés des devoirs à eux imposés par la nature et par la loi ne doivent pas être mêlés à ceux qui ont montré une inclination précoce pour le mal, ni confondus avec eux dans des maisons de correction ; ils doivent plutôt être assimilés à des orphelins.

Cette seule observation nous permet d'adresser un grave reproche au système anglais. L'Angleterre, où la population industrielle est considérable, où les campagnes au contraire sont relativement peu peuplées, a, plus peut-être que tout autre nation, senti le besoin d'institutions destinées à recueillir les malheureux dont nous parlons (2). En 1866, une loi a créé des établissements dits *écoles industrielles* pour recevoir tous les enfants désignés sous le nom d'*Arabes des rues*. Cette loi met pêle-mêle dans ces écoles : 1° les vagabonds et les mendiants âgés de quatorze ans au plus ; 2° les abandonnés et les orphelins ; 3° les enfants sans tutelle convenable ; 4° les enfants dont les parents sont en prison ; 5° ceux qui méconnaissent l'autorité paternelle ; 6° ceux qui se montrent insoumis dans

______

(1) Notons en passant que l'art. 6 de la loi sur les caisses d'épargne postales porte une certaine atteinte au droit des père et mère en ce qui concerne l'administration des biens de leur enfant mineur. « Les mineurs, dit cet article, sont admis à se faire ouvrir des livrets sans l'intervention de leur représentant légal. Ils pourront retirer sans cette intervention, mais seulement après l'âge de seize ans révolus, les livrets ainsi ouverts, sauf opposition de la part de leurs représentants légaux... » Il s'agit là d'un objet pécuniaire, mais le but du législateur est certainement d'encourager chez les enfants le goût de l'épargne, et cela même malgré les parents, puisqu'ils pourront se faire ouvrir des livrets à leur insu.

(2) C'est un des sujets sur lesquels revient le plus souvent Charles Dickens. Presque partout, dans ses fictions, nous trouvons des enfants maltraités, comme *David Copperfield*, ou abandonnés, comme *Jo*, ou enfin recevant les leçons les plus démoralisatrices, comme *Olivier Twist*.

3

les écoles des *workhouses* ; 7° les jeunes délinquants qui ont commis quelque infraction passible de l'emprisonnement sans avoir subi auparavant aucune condamnation (1).

Cette promiscuité constitue déjà un vice très grave. Si nous ajoutons que toute personne peut conduire devant le magistrat (2) un enfant appartenant à l'une des catégories ci-dessus désignées, et que celui-ci peut ordonner pour un temps donné sa détention dans une école industrielle certifiée, nous ne nous étonnerons pas des vives critiques adressées par M. Charles Lucas à cette loi, inspirée, dit-il, par cette *politique du débarras* qui avait fait admettre autrefois aux Anglais le système de la déportation pénale (3). En 1876, la loi sur l'enseignement primaire a décidé la fondation d'écoles industrielles de jour où les enfants seraient tenus d'aller par ordre du magistrat, où ils recevraient la nourriture et l'instruction professionnelle, mais d'où ils reviendraient chaque soir dans la maison paternelle, ce qui constitue une assez heureuse innovation en thèse générale, mais n'est pas applicable au cas où il s'agit d'enfants maltraités par leurs parents. En résumé, le système anglais a le triple inconvénient : 1° de ne pas distinguer entre le régime préventif et le régime répressif ; 2° de laisser le sort des enfants dépendre absolument de l'arbitraire du magistrat ; 3° de décharger les parents de l'acquittement de leurs devoirs de nourriture, de garde et d'éducation de leurs enfants aux dépens des personnes qui paient régulièrement les taxes.

L'Etat de New-York pratique aussi la *politique du débarras* ; des agents sans caractère officiel font émigrer vers l'Ouest les enfants abandonnés ou vagabonds ; des milliers d'enfants ont ainsi émigré depuis quelques années. Le procédé paraît d'abord

---

(1) Voy. Ch. Lucas, *Revue critique de législation et de jurisprudence*, 1879, pp. 156 et suiv.

(2) Tout le monde connaît les différences profondes qui séparent le *magistrat* anglais du juge de paix français, en ce qui concerne soit les attributions, soit le mode de recrutement.

(3) Le système anglais a trouvé un défenseur dans M. le vicomte d'Haussonville, *Les enfants pauvres en Angleterre (Revue des Deux-Mondes,* 15 novembre 1878, pp. 241 et suiv.) ; il constate que dans la pratique ce système a donné de très bons résultats, grâce à l'excellent régime moral et hygiénique de la plupart des établissements anglais, mais il reconnaît en même temps qu'il serait difficile, peut-être nuisible, de l'introduire en France ; les défauts indiqués ici, que les mœurs britanniques rendent peu sensibles, s'accentueraient beaucoup en France.

sommaire ; mais la *Société de réforme juvénile* qui dirige ou surveille la plupart de ces émigrations offre des garanties sérieuses. Elle a soin de les placer dans des familles honnêtes et ne les perd jamais de vue.

La Société qui porte le nom du célèbre philanthrope Howard s'est préoccupée de la question, et, après avoir réuni de nombreux documents, elle a recommandé un système dont l'essai a pleinement réussi, paraît-il, dans le Massachusetts, où l'enfant est généralement placé dans une famille particulière sous la surveillance de visiteurs officiels, mais non rétribués ; on n'a recours à l'école industrielle que dans le cas où la discipline de la famille ne suffit pas à maintenir l'enfant. Le Massachusetts applique d'ailleurs le même système aux jeunes délinquants (1).

C'est dans un système analogue qu'est l'avenir, pensons-nous ; l'éducation individuelle est toujours préférable à celle qui est donnée à un grand nombre d'enfants réunis (2). Il faudra certainement, dans bien des cas encore, qu'on ait recours à des établissements fondés par l'Etat ou bien par des particuliers sous sa surveillance ; mais alors il est désirable que ces établissements soient placés au grand air, afin que ceux qu'on y élèvera soient sains et robustes. Cela ne veut pas dire du reste qu'il faille exclusivement employer à des travaux agricoles les enfants élevés dans ces établissements. Il est bon que ceux qui doivent retourner dans les villes apprennent des métiers qu'ils puissent y exercer. En Belgique, on distingue ainsi entre

---

(1) Voy. un article du *Bulletin de la Société générale des prisons*, reproduit dans le *Journal officiel* du 31 mars 1881. Je ne puis rendre compte même sommairement des mesures prises par les législateurs de toutes les nations européennes ou américaines. Le *Bulletin de la Société générale des prisons* contient beaucoup de renseignements à ce sujet. Sur ces divers points, voy. M. Prudhomme, *De l'éducation correctionnelle* (Paris, 1879, in-8°), et le compte rendu de cet ouvrage par M. P. Robiquet, *Revue générale du droit*, 1879, pp. 213 et suiv.; Robin, *Des écoles industrielles et de la protection des enfants insoumis ou abandonnés* (Paris, 1879), compte-rendu par M. Fuzier-Herman, *Revue générale du droit*, 1879, pp. 516 et suiv.

(2) « Nous n'avons pas en France, dit M. d'Haussonville, le génie de l'éducation en commun. Qu'il s'agisse d'un orphelinat tenu par des frères ou d'une école supérieure dirigée par des professeurs de l'Etat, nous n'avons jamais su réaliser cette alliance de la discipline avec la liberté qu'on rencontre en Angleterre aussi bien à bord de l'*Exmouth* (vaisseau-école pour les enfants abandonnés) qu'à Eton ou à Oxford. » *Loc. cit.*, p. 256.

les jeunes détenus originaires des villes et ceux qui sont originaires de la campagne.

On ne saurait aussi trop favoriser le développement des sociétés de patronage (1); en général, dans notre France, on ne manque pas, Dieu merci, de charité, mais on manque d'énergie : nous laissons volontiers à l'Etat ou à des corps spéciaux le soin de distribuer des secours ou d'accomplir pour nous tous les actes de bienfaisance ; nous nous contentons de contribuer dans la mesure de nos moyens aux frais que ces actes nécessitent, et alors nous croyons avoir tout fait. C'est une erreur : chacun peut et doit faire davantage. Donnons notre argent, mais donnons aussi nos sympathies, nos encouragements, nos conseils à ceux qui en ont besoin ; cherchons à répandre le goût des saines lectures, des distractions honnêtes. C'est là le moyen le plus sûr d'arriver à cette réformation des mœurs, sans laquelle l'œuvre du législateur court grand risque de rester stérile (2).

(1) Nous devons mentionner ici comme poursuivant avec une généreuse énergie l'œuvre dont nous parlons, la *Société générale de protection pour l'enfance abandonnée ou coupable*, fondée tout récemment par M. Georges Bonjean, et qui chaque jour recueille de nouvelles adhésions. — L'administration de l'assistance publique à Paris a organisé cette année un nouveau service, à côté de celui des enfants assistés, celui des enfants moralement abandonnés. Quatre catégories nouvelles d'enfants peuvent maintenant participer à la protection de l'assistance publique :

1° Les enfants de douze à seize ans qui, s'ils avaient eu moins de douze ans, auraient été admis au nombre des enfants assistés ;

2° Les enfants de moins de seize ans dont les parents ont été condamnés pour plus de six mois à des peines privatives de la liberté ;

3° Les mineurs de seize ans arrêtés pour menus délits ou vagabondage ;

4° Les enfants que leurs parents, pour un motif ou pour un autre, ne peuvent surveiller ni pourvoir d'un état.

Voir, pour les détails d'organisation de ce nouveau service, le journal *La Loi*, 24-25 octobre 1881.

(2) Le Sénat a pris en considération, dans sa séance du 28 juin 1881, une proposition de M. Roussel relative à la protection des enfants abandonnés, délaissés ou maltraités : il est à souhaiter que les questions qui nous ont occupé reçoivent une prompte solution législative ; le reste ne peut être que l'œuvre du temps.

www.ingramcontent.com/pod-product-compliance
Ingram Content Group UK Ltd.
Pitfield, Milton Keynes, MK11 3LW, UK
UKHW022241070726
13613UKWH00005B/2045